Inhalt

Branchenreport BAU & IMMOBILIEN - Ausgabe 1/2012

GENIOS BranchenWissen Nr. 05 vom 25.05.2012

Branchenreport BAU & IMMOBILIEN - Ausgabe 1/2012

Thomas Trares

Kernthesen

- Die deutsche Bauwirtschaft hat ein starkes Jahr 2012 hinter sich.
- Besonders Wohnimmobilien sind als sicherer Hafen in der Eurokrise gefragt.
- Dennoch läuft es bei dem größten börsennotierten Wohnungskonzern Gagfah nicht rund.
- Im europäischen Vergleich ist die Bauaktivität in Deutschland noch immer niedrig.
- Die großen internationalen Bau- und Immobilienmärkte befinden sich weiter in der Talsohle.

Beitrag

Die Bauwirtschaft

Die Bauindustrie ist 2011 außergewöhnlich stark gewachsen. Der Umsatz im Bauhauptgewerbe stieg um 12,5 Prozent auf 93,4 Milliarden Euro. Im Vereinigungsboom Anfang der neunziger Jahre wurden zuletzt solch hohe Werte gemessen. Die größten Zuwächse gab es im Wohnungsbau mit 26,1 Prozent. Grund ist die Eurokrise, die die Anleger in Betongold flüchten lässt. Zudem konnte der Wirtschaftsbau von der guten deutschen Konjunktur profitieren. Die Zahl der Mitarbeiter am Bau stieg um 2,6 Prozent auf 734 000. Von den Höchstständen Mitte der neunziger Jahre ist man allerdings noch weit entfernt. Damals waren am Bau 1,4 Millionen Menschen beschäftigt. Für 2012 geht die Branche von einem Umsatzplus von 2,5 Prozent aus. (1), (2), [Abb. 1]

Die Immobilienwirtschaft

Deutschland gilt in der Eurokrise als sicherer Hafen. Davon kann auch der deutsche Immobilienmarkt profitieren. Die Investitionen in Gewerbeimmobilien stiegen 2011 um 20 Prozent auf rund 23 Milliarden Euro. Die Investitionen in Wohnimmobilien bezifferten sich auf 4,8 Milliarden Euro. Sowohl im Gewerbe- als auch im Wohnsegment wurden die höchsten Werte seit 2008 erreicht. Von den Spitzenwerten vor der Finanzkrise ist man allerdings noch immer ein gutes Stück entfernt. Grund für den neuerlichen Boom ist Deutschlands Ruf als sicherer Hafen in der Eurokrise sowie die robuste Konjunktur. 2012 dürften die Investoren wieder vorsichtiger werden. (10), (17), [Abb. 2]

Die Bauwirtschaft im internationalen Vergleich

Nach Jahren der Talfahrt hat sich der Wohnungsbau in Deutschland spürbar erholt. Der internationale Vergleich zeigt allerdings, dass hierzulande die Bauaktivität immer noch recht schwach ausgeprägt ist. In allen Nachbarländern - einzige Ausnahme ist Dänemark - wird bezogen auf die Bevölkerungszahl deutlich mehr gebaut. Die Bauintensität, also die Zahl der neu gebauten Wohnungen bezogen auf 1 000 Einwohner, liegt 2012 in Deutschland bei 2,3. Damit nimmt man Platz 13 von 19 berücksichtigten europäischen Ländern ein. Vor zwei Jahren belegte Deutschland noch den letzten Platz. Schlusslichter sind nun die früheren Boom-Länder Spanien und

Irland. Teils weit mehr als das Doppelte als in Deutschland wird in Österreich, Frankreich und beim europäischen Spitzenreiter Schweiz gebaut. (14)

Die deutschen Baukonzerne

Der größte deutsche Baukonzern Hochtief erreichte 2011 mit einer Bauleistung von rund 25,8 Milliarden Euro einen neuen Höchststand. Allerdings hat der Konzern zuletzt etwas geschwächelt. Die Essener fuhren 2011 einen Verlust von 160 Millionen Euro ein. Auch im ersten Quartal 2012 schrieb man rote Zahlen. Grund ist die Schwäche der australischen Tochter Leighton. Zwar schnitt Hochtief besser ab als im Vorjahr, das Ziel, wieder rentabel zu arbeiten, hat man jedoch verfehlt. Der Umsatz legte im ersten Quartal um 13 Prozent auf annähernd 5,6 Milliarden Euro zu. (8)

Der zweitgrößte deutsche Baukonzern Bilfinger Berger wird ab Herbst 2012 nur noch Bilfinger heißen. Die Umfirmierung soll dem Wandel von einem Bau- zu einem Dienstleistungskonzern Rechnung tragen. Den überwiegenden Teil der Leistung erbringt Bilfinger Berger inzwischen mit Unternehmsteilen, die vor zehn Jahren noch nicht zum Konzern gehörten. Ins neue Jahr sind die Mannheimer solide gestartet. Das operative Ergebnis verdoppelte sich nahezu auf 133 Millionen Euro. Die Leistung stieg um sechs

Prozent auf knapp 1,95 Milliarden Euro. Im Gesamtjahr 2011 waren es 8,5 Milliarden Euro. (3)

Bei Deutschlands größtem Baustoffproduzenten HeidelbergCement ist die Geschäftsentwicklung ebenfalls solide. Die Leistung stieg 2011 um knapp zehn Prozent auf 12,9 Milliarden Euro, der Jahresüberschuss um fünf Prozent auf 534 Millionen Euro. Das warme Winterwetter, die gute geografische Aufstellung (kein großes Engagement in Südeuropa) sowie rechtzeitig eingeleitete Kostensenkungen waren die Ursachen. Im ersten Quartal 2012 haben sich die Umsätze zwar weiter gut entwickelt, aufgrund höherer Energie- und Frachtkosten fiel jedoch ein Nettoverlust von 204 Millionen Euro an. (4)

Der zweitgrößte Baustoffkonzern Dyckerhoff hat 2011 von den Vorbereitungen auf die Fußball-Europameisterschaft in Polen und der Ukraine profitiert. Die Erlöse stiegen um 13 Prozent auf 1,6 Milliarden Euro. Auch Gewinn und Absatz legten deutlich zu. Für 2012 rechnet das Unternehmen mit einer Abkühlung des Geschäfts, vor allem in West- und Teilen Osteuropas. In Russland und der Ukraine wird es aber weiter aufwärts gehen. Umsatz und Ergebnis dürften auf dem Vorjahresniveau verharren. (5)

Immobiliengesellschaften,

Immobilienfinanzierer und Immobilienmakler

Die größten privaten Wohnungsvermieter sind die Deutsche Annington und Gagfah. Hinter beiden Firmen stehen Finanzinvestoren - bei der Annington die britische Terra Firma, bei Gagfah die US-Gesellschaft Fortress. Trotz der guten Wohnimmobilienkonjunktur läuft es bei der börsennotierten Gagfah nicht rund. 2011 bezifferte sich der Verlust auf knapp 18 Millionen Euro. Zudem ist man wegen des Verdachts auf Insiderhandel in das Visier der Staatsanwaltschaft geraten. Der Branchenführer Deutsche Annington hat 2011 den Gewinn mehr als verdoppelt. Der Eigentümer Terra Firma will die Annington an die Börse bringen. (13)

Dank der guten Immobilienkonjunktur werden einige Gesellschaften auch wieder in punkto Akquisitionen aktiv. Während Patrizia Immobilien 21 000 Wohnungen von der Landesbank Baden-Württemberg (LBBW) für 1,4 Milliarden Euro kaufte, erwarb TAG Immobilien die BayernLB-Tochter DKBI für 960 Millionen Euro. Ferner sind Deutsche Wohnen und GSW an den Baubecon-Wohnungen interessiert, die die britische Bank Barclays loswerden will. (13)

In der Finanzkrise besonders unter die Räder gekommen sind die Immobilienfinanzierer. Der einstige Marktführer Hypo Real Estate (HRE) musste vom Staat gerettet werden. Dabei wurden die faulen Kredite in die Bad Bank FSM ausgelagert. Die HRE reduziert sich heute auf die operative Kernbank PBB Deutsche Pfandbriefbank. Diese erzielte 2011 einen Gewinn vor Steuern von 188 Millionen Euro, im Jahr zuvor betrug der Verlust noch 135 Millionen Euro. (12)

Größter Immobilienfinanzierer in Deutschland ist die Eurohypo. Allerdings schreibt die Commerzbank-Tochter seit Jahren hohe Verluste. Bis Ende 2014 muss das Institut abgewickelt werden. Dies ist eine Auflage der Europäischen Union (EU) an die Commerzbank, die in der Finanzkrise rund 18 Milliarden Euro Hilfe aus dem staatlichen Rettungsfonds Soffin erhielt. Nur einen kleineren Teil des Immobiliengeschäfts darf die Bank behalten. (11)

Relativ glimpflich ist dagegen die Aareal Bank durch die Krise gekommen. 2011 konnten die Wiesbadener Betriebsergebnis, Konzerngewinn sowie Zins- und Provisionsüberschuss zum Teil deutlich steigern. Die Aareal Bank profitierte vom Rückzug der Wettbewerber aus den ausländischen Märkten. Im ersten Quartal 2012 hat die Aareal zwar das Neugeschäft von 1,4 Milliarden Euro auf 0,5 Milliarden Euro zurückgefahren, dennoch will man hier im Gesamtjahr auf 4,5 Milliarden bis 5,5 Milliarden Euro kommen. (9)

Größter Immobilienmakler in Deutschland ist die

Sparkassen-Finanzgruppe. Danach folgen Engel & Völkers, BNP Paribas Real Estate (ehemals Atisreal) und Jones Lang LaSalle. Insgesamt läuft es bei den Maklern derzeit rund. So steigerte die Völkers Gruppe im ersten Quartal 2012 den Markencourtageumsatz im Vergleich zum Vorjahr um rund fünf Prozent auf 44,8 Millionen Euro. Auch die Makler der Sparkassen konnten zuletzt gute Zahlen vermelden. In Bayern etwa vermittelte die Sparkassen-Immo im vergangenen Jahr Häuser, Wohnungen und Grundstücke im Wert von 1,85 Milliarden Euro, das waren 14 Prozent mehr als im Vorjahr. (18), (19)

Die internationale Bau- und Immobilienbranche

Die Lage an den internationalen Bau- und Immobilienmärkten ist nach wie vor angespannt. In den USA ist das Baugeschäft im vergangenen Jahr um zwei Prozent geschrumpft. 2012 ist nur mit einer langsamen Erholung zu rechnen. Auch der Immobilienmarkt schwächelt weiter. Im Februar 2012 sanken in zehn der größten Ballungsräume die durchschnittlichen Häuserpreise gegenüber dem Vorjahr um 3,6 Prozent. Damit sind sie auf dem tiefsten Stand seit November 2002 angekommen. Der US-Immobilienmarkt war die Keimzelle der Finanzkrise, der Preisverfall setzte bereits 2007 ein.

Leichte Hoffnungszeichen gibt es dennoch. So hat Pultegroup, der größte Häuserbauer der USA, im vierten Quartal 2011 wieder schwarze Zahlen geschrieben. (7), (15)

In China hat der bislang eher schleichende Preisrückgang am Immobilienmarkt an Fahrt gewonnen. In über der Hälfte der Städte sinken inzwischen die Preise. Die von der chinesischen Regierung vor zwei Jahren eingeleiteten Maßnahmen zur Abkühlung der Immobilienkonjunktur beginnen inzwischen zu greifen. (16)

In Europa lässt die Erholung des Bausektors weiter auf sich warten. 2011 ist das Bauvolumen im vierten Jahr in Folge gesunken. Der Rückgang fällt nach den teils deutlichen Rückschlägen in den Jahren 2008 bis 2010 allerdings moderat aus. Mit einer Trendwende ist auch 2012 nicht zu rechnen. Grund für die Schwäche ist die Eurokrise. Die in vielen Ländern aufgelegten Sparpakete lasten auf dem öffentlichen Bau. Gleichwohl sind nicht alle Länder gleichermaßen von der Krise infiziert. In Deutschland, Österreich, Norwegen, Schweden, Finnland und Polen hat sie sich kaum ausgewirkt. Schwer getroffen sind Spanien, Irland, Island, Dänemark, Niederlande und Griechenland. (6), [Abb. 3]

Trends

Die Bauwirtschaft in den kommenden zehn Jahren

Die Bauwirtschaft muss sich trotz des aktuellen Booms auf moderates Wachstum einstellen. Gemäß dem Münchner Ifo-Institut wird in den kommenden zehn Jahren einzig der Wohnungsbau das Abtauchen in die Rezession verhindern. So dürfte 2022 die Zahl der Neubauten bei 275 000 liegen, nach 177 000 im laufenden Jahr. Den höchsten Wert gab es bislang im Nachwendeboom mit 500 000 Fertigstellungen. Beim Wirtschaftsbau sehen die ifo-Experten keine großen Potenziale, da hier bereits ein hohes Niveau erreicht ist. Düster sind hingegen die Prognosen für den öffentlichen Bau. Grund ist die Haushaltssanierung von Bund, Ländern und Gemeinden. Die ifo-Experten rechnen damit, dass das öffentliche Bauvolumen in den kommenden zehn Jahren jährlich um ein Prozent schrumpft. Die Bauumsätze dürften im gleichen Zeitraum im Schnitt um 0,3 Prozent wachsen. (1), (2)

Blasenbildung bei den Wohnimmobilien?

Wegen des Booms bei den Wohnimmobilien warnen erste Stimmen bereits vor einer Immobilienblase. Ein

Messinstrument für Übertreibungen auf dem deutschen Wohnimmobilienmarkt ist der von der Internetplattform Immobilienscout 24 ins Leben gerufene Bubble-Indikator. Er stellt einen Zusammenhang zwischen Mieten und Kaufpreisen her und lässt sich auf einzelne lokale Märkte herunterbrechen. Der Indikator funktioniert nach folgendem Prinzip: Steigen die Mieten stärker als die Kaufpreise, verbessern sich die Renditen. In diesem Fall droht keine Blase. Steigen dagegen die Kaufpreise stärker als die Mieten, kann das ein Hinweis auf eine Übertreibung sein. Die bisherigen Ergebnisse des Indikators zeigen, dass bundesweit die Preise unter den Mieten liegen, wenn auch die Schere nicht weit auseinanderklafft. Von einer Übertreibung kann also keine Rede sein. Gleichwohl raten Volkswirte angesichts weiter steigender Preise zur Vorsicht. (20)

Zahlen & Fakten

Abbildung 1: Umsatz und Beschäftigte im Bauhauptgewerbe 2008 - 2012

Bausparte	Umsätze in Milliarden

	Euro			
2009	2010	2011	2012*	
Wohnungsbau	24,7	26,3	31	32,9
Wirtschaftsbau	30,8	29,5	33,6	34,7
Öffentlicher Bau	26,7	26,1	27,6	26,9
Gesamt	82,2	81,9	92,2	94,5
Beschäftigte	705.000	710.000	734.000	734.000

Quelle: Statistisches Bundesamt, Hauptverband der Deutschen Bauindustrie Entnommen aus: Frankfurter Allgemeine Zeitung, 28.03.2012, Nr. 75, S. 11 (2)

Abbildung 2: Entwicklung der Immobilieninvestitionen in Deutschland

Investitionen in Milliarden Euro	Gesamt	Gewerbe	Wohnen (nur Portfolios)
2004	21	12	9
2005	35,7	21,7	14
2006	53,2	43,7	9,5
2007	65,3	53,3	12
2008	25,9	21,1	4,8
2009	13,4	10,1	3,3
2010	22	18	4
2011	27,8	23	4,8

Quelle: Ernst & Young Research, eigene Berechnungen Entnommen aus: Fakt Markt- und Branchenstatistiken (21)

Abbildung 3: Die größten Bauunternehmen in Europa

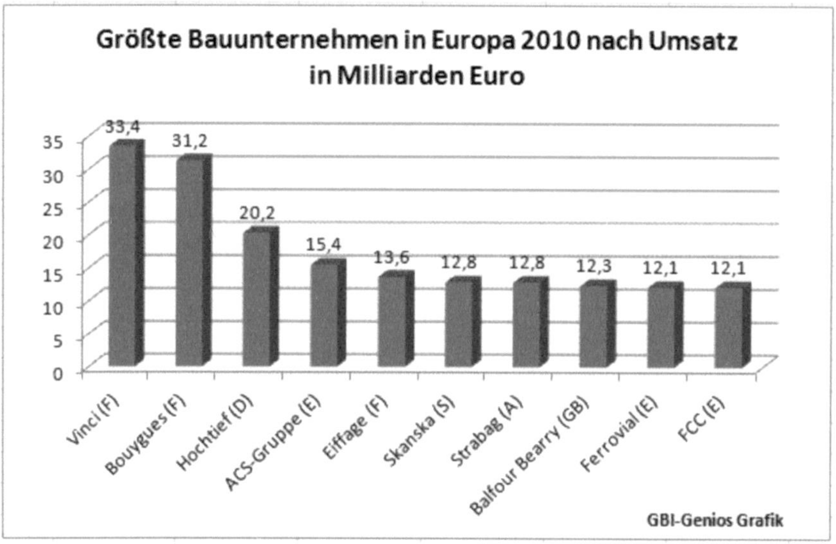

Quelle: Hauptverband der Deutschen Bauindustrie, Statistisches Bundesamt, Deloitte Entnommen aus: Fakt - Markt- und Branchenstatistiken (22)

Weiterführende Literatur

(1) Wohnungsbau startet in Jahrzehnt des Aufschwungs

aus Immobilien Zeitung Nr. 14 vom 05.04.2012 Seite 4

(2) Schuldenbremse trifft Bauwirtschaft
aus Frankfurter Allgemeine Zeitung, 28.03.2012, Nr. 75, S. 11

(3) Künftig gibt es nur noch Bilfinger
aus Darmstädter Echo, 11.05.2012

(4) Hohe Energiekosten belasten
aus FAZ.NET, 03.05.2012

(5) Dyckerhoff profitiert von der EM - Für 2012 rechnet Baustoffhersteller mit Abkühlung
aus FAZ.NET, 03.05.2012

(6) Auch 2012 kein Anstieg der europäischen Bauleistungen – nur der Wohnungsbau dürfte zulegen Ausgewählte Ergebnisse der Euroconstruct-Winterkonferenz 2011
aus ifo Schnelldienst, Heft 02/2012, S. 33-39

(7) US-Baubranche bleibt am Boden Privater Häuserbau wächst nur langsam - Projektentwickler kämpfen um Break-even
aus Börsen-Zeitung, 07.02.2012, Nummer 26, Seite 13

(8) Hochtief macht weiter Verlust
aus Frankfurter Allgemeine Zeitung, 09.05.2012, Nr. 108, S. 12

(9) Aareal Bank agiert vorsichtig - IMMOBILIENFINANZIERER Neugeschäft reduziert /

Jahresprognose aber bestätigt
aus Wiesbadener Kurier vom 11.05.2012

(10) Heiß begehrte deutsche Wohnimmobilien
aus Handelsblatt Nr. 081 vom 25.04.2012 Seite 35

(11) Commerzbank schließt Milliardengrab - Immobilienfinanzierer Eurohypo wird abgewickelt
aus Badische Zeitung vom 31.03.2012, Seite 24

(12) Hypo Real Estate will bis 2015 privatisiert werden Verstaatlichter Staats- und Immobilienfinanzierer hat 2011 mit Gewinn abgeschlossen // Bankchefin Better sieht für Verkauf mittelfristig gute Chancen
aus Financial Times Deutschland vom 02.03.2012, Seite 19

(13) Tendenz uneinheitlich Deutschlands Wohnimmobilienfirmen beurteilen den aktuellen Boom des Marktes höchst unterschiedlich
aus Financial Times Deutschland vom 11.05.2012, Seite 19

(14) Deutscher Wohnungsbau holt auf / 2012 nicht mehr am europäischen Tabellenende - Die meisten Nachbarn bauen aber weit mehr - Bis 2014 bei uns 16 Prozent mehr Fertigstellungen prognostiziert (mit Bild)
aus news aktuell, 2012-04-02

(15) US-Häusermarkt unter Druck Preise auf tiefstem Stand seit November 2002

aus Börsen-Zeitung, 25.04.2012, Nummer 80, Seite 6

(16) Durststrecke am chinesischen Immobilienmarkt
Häuserpreiskorrektur schreitet voran - Sorge um die Bauwirtschaft - Regierung bleibt unbarmherzig
aus Börsen-Zeitung, 19.04.2012, Nummer 76, Seite 6

(17) Deutscher Immobilienmarkt zeigt sich resistent
BulwienGesa: Höchstes Investitionsvolumen seit 2008 - Union Investment: Schuldenkrise kommt 2012 an
aus Börsen-Zeitung, 02.02.2012, Nummer 23, Seite 4

(18) Neuer Rekord für Sparkassen-Immo
aus Die SparkassenZeitung, 27.01.2012, Nr. 04, S. 1

(19) Engel & Völkers steigert Umsatz im Quartal
aus “medianet” Nr. 1547/2012 vom 13.04.2012 Seite: 44

(20) Auf der Suche nach der Immobilienblase
aus Frankfurter Allgemeine Zeitung, 26.03.2012, Nr. 73, S. 13

(21) D: Markt für Immobilien-Investment 2004-2010
aus Trendbarometer Immobilien-Investmentmarkt Deutschland 2011, Ernst & Young (Hrsg.), Januar 2011, S. 1

(22) Europa, D: Top 10 Bauunternehmen, Baugenehmigungen und Beschäftigte in der Bauwirtschaft 2008-2011
aus Frankfurter Allgemeine Zeitung, 21.10.2011, S. 21

Impressum

Branchenreport BAU & IMMOBILIEN - Ausgabe 1/2012

Bibliografische Information der deutschen Nationalbibliothek

Die Deutsche Nationalbibliothek verzeichnet diese Publikation in der deutschen Nationalbibliografie; detaillierte bibliografische Daten sind im Internet über http://dnb.d-nb.de abrufbar.

ISBN: 978-3-7379-1863-3

oder ähnliche Einrichtungen und die Einspeicherung und Verarbeitung in elektronischen Systemen.